© Michael Sedunko, Los Llanos de Aridane 2015
3. Auflage Dezember 2015
Herstellung und Verlag:
BoD - Books on Demand, Norderstedt
ISBN: 978-373478-663-1

MIX
Papier aus verantwortungsvollen Quellen
Paper from responsible sources
FSC® C105338

BROT BACKEN MIT WILDHEFE

REZEPTE AUS DEM MITTELALTER IN DIE NEUZEIT ÜBERSETZT

Vollkorn- und glutenfreie Brote

VON

MICHAEL SEDUNKO

INHALTSVERZEICHNIS:

Vorwort

Die sich in Euren Händen befindliche dritte Auflage, ist komplett überarbeitet. Hauptsächlich habe ich die bestehenden Rezepte überarbeitet, Fehler korrigiert und zwei neue Kategorien aufgenommen; Glutenfreie Brote und ein Sachwortverzeichnis.

Wie in meiner zweiten Version zugesichert, habe ich lange mit Amarant- und Dinkelsauerteig experimentiert und bin zu dem Schluss gelangt, dass ich nur noch den Roggensauerteig empfehle und verwende, da er schlicht und einfach stabil ist. Mit den beiden anderen Sauerteigarten (wenn es sich überhaupt um einen Sauerteig im klassischen Sinne handelt!) bin ich nicht glücklich geworden. Meist ist das Brot in seiner Ausgangsform geblieben, was bedeutet, dass der Sauerteig zu wenig Kraft zum Wachsen entwickelt hat.

Anders als bisher bin ich zum Schluss gekommen, Sauerteig nur für bestimmte Brote zu verwenden, da Sauerteig verschiedene Bedeutungen hat. Zum einen wird er aus geschmacklichen Gründen zum andern zum Gehen verwendet. Wenn der Focus auf dem Gärvorgang liegt, habe ich festgestellt, auf ihn verzichten zu können, da meine Wildhefe zwischenzeitlich so kräftig geworden ist, dass diese vollkommen ausreicht. Wenn der Focus allerdings auf der geschmacklichen Komponente liegt, ist es sehr sinnvoll, den Sauerteig einzusetzen.

Ferner habe ich festgestellt, dass die Verwendung der Wildhefe am besten gelingt, wenn diese frisch verwendet wird. Da es sich um einen lebenden Organismus handelt, sollte man der Wildhefe keine Kälte zukommen lassen, da sie sonst abgetötet wird und keine Kraft mehr hat.

Ihr könnt Wildhefe aus jeglichem Obst und Gemüse ziehen. Dabei gilt: je mehr Obst oder Gemüse ihr verwendet, bei gleicher Flüssigkeitsmenge, umso intensiver und kraftvoller wird die Hefe. Wichtig ist dabei, dass es sich um **ungespritztes** Obst, bzw. Gemüse handelt. Ihr könnt sowohl das gesamte Obst / Gemüse, jedoch auch Gemüse-, bzw. Obstabfälle verwenden. Beim Einsatz der Hefe ist ferner wichtig, immer nur eine Sorte zu verwenden und diese in einem Brot nicht zu mischen.

Sofern Ihr direkt mit mir in Kontakt treten wollt, ist das jederzeit gerne möglich. Bitte schreibt einfach eine eMail an michael.sedunko@gmx.de, oder an den BoD-Verlag. Eine Antwort garantiere ich bereits jetzt, auch wenn ich evtl. zeitverzögert antworten werde.

Für Hinweise und Anregungen bin ich immer dankbar und lasse diese in neue Rezepte einfließen.

Nun wünsche ich Euch viel Freude mit meinem Buch und gutes Gelingen beim Backen!

Ihr / Euer

Michael Sedunko

Über den Autor

Knapp 20 Jahre war ich erfolgreich in der Immobilienbranche in Süddeutschland im Landkreis München tätig, bis ich zum 30.06.2014 aus gesundheitlichen Gründen meine Firma an eine erfolgreiche und erfahrene Kollegin veräußert habe.
Während meiner Tätigkeit habe ich mir den Fachwirt als auch den Ausbilderschein angeeignet und war als ehrenamtlicher Prüfer in verschiedenen Gremien tätig.
Nach meinen zweiten Burn-Out im Mai 2014 habe ich, gemeinsam mit meiner Frau, entschieden, den Jakobsweg mit ihr und unserem Hund Finn, in der Nähe von München bis nach Santiago de Compostella, ca. 2.850 km zu laufen. Unser Projekt begann am 02.07.2014 und wir kamen am 9.11.2014 in Santiago gesund an.
Bevor wir auf unseren Weg aufgebrochen sind, haben wir überlegt, wie wir unsere weitere Zukunft gestalten wollen. Auf dem Weg haben wir uns dann intensiv mit dieser Frage beschäftigt und auch eine Antwort erhalten. Wir haben uns entschieden, zunächst für eine ungewisse Zeit auf den Kanarischen Inseln zu verbringen. Währenddessen möchte ich mein Buch über mein Erlebnis des Jakobsweges schreiben und außerdem meine kulinarischen Erfahrungen zu Papier bringen. Das erste Buch über den Jakobsweg ist noch in der Entstehung, während Ihr mein drittes Buch bereits in Euren Händen haltet.

Von einigen Freunden und Weggefährten, jedoch auch von neuen Bekannten, werde ich gefragt, was denn meine Intention sei, ein Backbuch zu schreiben, diese gäbe es doch wie Sand am Meer. Nun, hierzu kann ich vielleicht folgendes erläutern, was der geneigte Leser wissen sollte.

Als ich im Februar 2015 mit dem Brotbacken begann, hatte ich wenige Informationen vorliegen. In Deutschland backte ich immer nur ein Brot, das Kartoffelbrot, das mir auch immer (wen wundert es) gelungen ist. Auf die Dauer wurde mir das zu einseitig, zumal ich mit den Gluten so meine liebe Not habe. Daher habe ich umgedacht und mein Backen darauf ausgerichtet. Als ich zum ersten Mal im Supermarkt, hier auf unserer kleinen Kanareninsel war und nach „frischer Hefe" fragte, hat man nur verständnislos den Kopf geschüttelt. Mit trockener Hefe habe ich dann das Backen versucht, bin allerdings gescheitert. Wir wurden keine Freunde. Also habe ich nach einer Alternative gesucht.

Die verschiedensten Internetforen habe ich durchgeforstet, bis ich endlich jemanden gefunden habe, der die Herstellung von natürlicher Hefe (Wildhefe) erläutert hat. „Was, so einfach geht das?" habe ich mir gesagt. „Wieso wird das nicht publiziert und weshalb weiß das Niemand und … überhaupt?". Also habe ich begonnen, meine erste Naturhefe auf gedörrten, schwefelfreien Bio-Datteln anzusetzen und es hat funktioniert. Drei Aufgüsse habe ich erhalten und von Aufguss zu Aufguss wurde sie stärker und besser. „Bravo", dachte ich „jetzt brauch ich nur noch Rezepte, wie ich mein gesundes Brot backen kann". Sauerteig konnte ich ja schon in Deutschland ansetzen, jedoch habe ich mich nur an den bekannten Roggensauerteig getraut, da ich weder von Dinkeln noch von Amarant etwas gehört habe; vom Korn natürlich schon, nur vom Sauerteig auf Basis von Dinkel und Amarant eben nicht. Also habe ich zunächst den Dinkelsauerteig angesetzt und … auch das hat funktioniert.

Da ich von mehreren Seiten gefragt wurde, ob ich denn freundlicherweise die Rezepte zu meinen übergebenen

Broten veröffentlichen möchte, komme ich hiermit den Bitten nach. Im Ergebnis bin ich zum Schluss gekommen, dass es derzeit noch keine vernünftige Literatur zum Brot backen mit Wildhefe gibt, weshalb ich mich zum Verfassen dieses – zugegebenen profan erstellten und nicht den Anspruch einer intellektuellen Literatur erhebenden – Buches entschieden habe.

Mir ist wichtig, die Menschen zu erreichen, die entweder das Interesse haben, gesunde Brote zu backen und keine Anhaltspunkte dafür haben, oder die Menschen, welche grundlegendes Interesse haben, etwas Neues zu wagen oder Menschen, die schon immer danach gesucht haben, Brot mit Wildhefe zu backen. Meine Rezepte sind allesamt, so wie sie zu lesen sind, neu. Einen Teil der Grundrezepte habe ich, aber dazu komme ich noch, den Büchern der beiden Autoren, Petra und Joachim Skibbe, entnommen, die mehrere Backbücher nach Ayurveda verfasst haben. Meine Rezepte unterscheiden sich jedoch von den Rezepten von Hr. und Fr. Skibbe insofern, dass ich Wildhefe verwende, daraus folgend, auch eine andere Zusammensetzung des Wassers und auch andere Gehzeiten benötigen. Ferner habe ich, durch Hinzufügen und Weglassen verschiedener Substanzen, den Rezepten eine Eigennote verpasst.

Wildhefe selbst herstellen

Der Vorgang hört sich dramatischer an, als er ist. Ich habe schlicht aus der Not eine Tugend erschaffen. Da wir auf den kanarischen Inseln leben, gibt es hier keine industriell, gefertigte Hefewürfel, wie in Deutschland. Also habe ich mich auf die Suche begeben, wie ich denn nun an meine Hefe komme, um damit mein Brot backen zu können. Dabei bin ich auf ein Mittelalterforum im Internet gestoßen. Die Erklärung war sehr gewöhnungsbedürftig, aber klar, verständlich und strukturiert. Um Missverständnisse vorzubeugen, benenne ich die zu verwendende Hefe als **Hefewasser**.

1.) Die Hefe sollte in einem entkeimten Glasgefäß entstehen. Um ein Gefäß zu entkeimen, kocht es bitte ca. 10 Minuten aus, damit auch wirklich der letzte Keimling abgetötet ist. Dem Entkeimungsvorgang sollte auch der Deckel des Behältnisses beigelegt werden.

2.) Anschließend mit einem Holzstab das Gefäß aus dem Wasser fischen, das heiße Wasser ausschütten und dann das Gefäß abstellen. Ich rate dazu, den Vorgang mit Handschuhen durchzuführen, da man sich leicht die Finger verbrennen könnte.

3.) Nun ist das Behältnis angenehm feucht. Die Feuchtigkeit benötigen wir. Die Hefebakterien entwickeln sich zwischen ca. 25 – 35 Grad. In das Behältnis kommt jetzt das Obst oder Gemüse. Ihr könnt alles verwenden, was biologisch, also auf jeden Fall ungespritzt und ungeschwefelt, ist.

4.) Auf dieses Obst kommt nun stilles Mineralwasser. Ihr könnt es auch mit Leitungswasser versuchen, aber ich rate davon ab, da das Wasser in der Regel gechlort sein wird. Mineralwasser hat einen neutralen Charakter und ist der Garant für gutes Gelingen. Das Wasser könnt Ihr entweder bis zum Rand des Behältnisses füllen, oder nur so weit, bis das Obst bedeckt ist. Der Unterschied liegt an der Konsistenz der Hefe. Je mehr Obst / Gemüse Ihr im Glas habt, umso stärker wird die Hefe werden.

5.) Zum Abschluss bitte das Behältnis mit einem leichten, luftdurchlässigen Verschluss abdecken. Wenn Ihr ein offenes Gefäß habt, das keinen Schraub- oder Klippverschluss hat, könnt ihr es mit einem Geschirrtuch, oder einem Kleenex abdecken. Wichtig ist nur, dass das Behältnis ständig mit frischer Luft versorgt wird.

6.) Nun stellt Ihr das Gefäß an einen warmen Ort, am besten irgendwo in der Küche, wo es Euch nicht im Weg umgeht und dauerhaft stehen bleiben kann. Unter dauerhaft verstehe ich ca. 5 Tage. Es empfiehlt sich, sofern Ihr die Möglichkeit dazu habt, das Behältnis auf ein Fensterbrett zu stellen, damit Sonnenlicht einfällt. Das ist ein Kann-, kein Musskriterium.

7.) Alle 24 Stunden soll nun das Behältnis einmal geschüttelt werden, damit sich das Wasser verteilt. Wenn ein Obst hochsteigt, leicht nach unten drücken, bzw. mit ein wenig Wasser nachgießen, sofern Ihr die Variante genutzt habt, die mit wenig Wasser arbeitet.

8.) Nach etwa 3 Tagen (das variiert vom Standort, Luftdruck, Qualität des Obstes ... etc.) bilden sich auf der Wasseroberfläche leichte Bläschen, die sich bis zu einem Schaum entwickeln können. Nun sind die Hefebakterien am Arbeiten.

9.) Wenn sich die Bläschen zurückgebildet haben und auch der Schaum nicht mehr sichtbar ist, also in etwa zu Beginn des 5. Tages und sich ein angenehmer, leicht säurehaltiger, dem Obst-/ Gemüse ähnlicher Geruch entwickelt hat, ist diese Hefe fertig.

10.) Füllt nun die Flüssighefe in ein anderes Gefäß um, am besten, Ihr stürzt den Inhalt in einen Sieb, so dass das Obst übrig bleibt, sich die Flüssighefe in einem neuen Behälter befindet.

11.) Wenn Ihr die Hefe sofort verwendet, dann bitte in ein separates Gefäß umfüllen, wenn sie für eine spätere Verwendung gedacht ist, bitte an einen warmen Ort stellen. Aus Erfahrung rate ich zwischenzeitlich ab, sie in den Kühlschrank zu stellen, da die Hefe ein lebender Organismus ist und im Kühlschrank abgetötet wird und demnach kraftlos wird.

Weiterverwendung des Obstes:

Meine bisherige Empfehlung, mit dem Obst eine weitere Hefe anzusetzen, hat sich nach meinen bisherigen Erfahrungen als wenig erfolgreich bewährt.

Ihr könnt das Obst entweder essen oder in einen Kuchen verarbeiten, ein neuerlicher Ansatz mit Wasser ist – wie erwähnt – wenig erfolgreich, da die Hefen „ausgeschwemmt" sind und nur noch geringe Kraft haben.

Ghee selbst herstellen

Es ist teilweise schon hanebüchen, was man so alles über die Herstellung und Verwendung von Ghee liest. Ghee ist nichts anderes, als vergorene Butter. Dabei wird ein Stück Butter, bei kleiner Flamme, in einem kleinen Topf, ca. 15 - 20 Minuten, erhitzt. Während des Vorgangs bilden sich kleine Butterschaumbläschen, die an die Oberfläche steigen. Diese Bläschen immer wieder langsam mit dem Löffel abschöpfen. Die Butter so lange weiterköcheln lassen, bis sich das Ghee goldgelben verfärbt. Dann mit einem Käsetuch (oder einer Stoffwindel) die Flüssigkeit in ein neues Gefäß mit Schraubverschluss filtern. Fertig ist das Ghee.

Das Ghee ist im Ayurveda unverzichtbar, da es gesunde Säuren enthält und praktisch für alle Kochvorgänge benutzt wird. Es wird – wie Butter – im Kühlschrank aufbewahrt.

Sauerteig selbst herstellen:

Hierzu gibt es sicherlich Rezepte wie Sand am Meer. Auch hier habe ich alles Mögliche versucht und ein, für mich gangbares, vernünftiges Rezept herausgesucht, das bislang immer funktioniert hat.

Voraussetzung hierfür ist, dass der zu erstellende Sauerteig stets gepflegt und „gefüttert" wird. Ich habe zwei verschiedene Sauerteige im Angebot. Zum einen den bekannten „Roggensauerteig" und zum anderen meinen „Dinkelsauerteig". Beide Sauerteige werden gleich angesetzt und zwar wie folgt: 80 g Dinkel- oder Roggenvollkornmehl mit 125 ml lauwarmen Wasser in ein Behältnis geben und miteinander vermengen. Anschließend ein feuchtes Tuch auf das Behältnis geben und an einen zugdichten, gleich temperierten Ort, ca. 4 – 5 Tage gehen lassen. Am 2. Tag die Prozedur wiederholen, also 80 g Vollkornmehl und 125 ml lauwarmes Wasser hinzumischen. Alle 24 Stunden den Sauerteig kräftig umrühren und wieder wegstellen. Ab dem 4. Tag sollte sich ein leicht säuerlicher Geruch entwickeln und leichte Blasen zu sehen sein. Dann nochmals 80 g Vollkornmehl und 125 ml lauwarmes Wasser hinzugeben. Am 5. Tag ist der Sauerteig verwendbar.

Wenn der Sauerteig sofort zum Backen verwendet wird, sollte ca. 200 g im Behältnis bleiben und gleich wieder angefüttert werden (80 g Vollkornmehl, 125ml lauwarmes Wasser). Alternativ hierzu könnt ihr auch von dem neuen Teig, den ihr mit Eurem Brot backt, 200 g des Teigs wegnehmen und in ein verschließbares Gefäß in den

Kühlschrank stellen, bis ihr das nächste Mal den Teig braucht. Im Kühlschrank ist er in etwa 1 Monat haltbar.

Die Vorzüge von Roggen- oder Dinkelsauerteig zu erläutern, sind schwierig, zumindest für mich. Es hat sich für mich einfach die bessere und einfachere Verarbeitung gezeigt. Der Roggensauerteig ist klebriger und zäher, im Gegenzug ist der Dinkel locker und fluffig und – wie schon erläutert – dankbarer in der Verarbeitung. Qualität und Konsistenz sind bei beiden in etwa gleich.

Brot backen mit Wildhefe und Sauerteig:

Damit kommen wir auch schon zum Wesentlichen, der Verarbeitung von selbst erstellter Wildhefe (Hefewasser) und selbst erstelltem Sauerteig.

Ich möchte an dieser Stelle erwähnen, dass meine Backart an das Ayurvedische angelehnt ist. Daher arbeite ich auch nicht mit Backferment, da dies aus erwärmtem Honig besteht, was im ayurvedischen als Gift angesehen wird. Auf das Für und Wider und vor allem, den Hintergrund des Ayurvedischen, verzichte ich hier, da ich mich nicht mit fremden Federn schmücke. Für den geneigten Leser erlaube ich mir, die Basis meines Handelns darzulegen. Über das Ayurveda gibt es zahlreiche Literatur, daher verzichte ich an dieser Stelle auf nähere Erklärung.

Ganz besonders verweise ich auf die Basisliteratur von Petra und Joachim Skibbe, „Backen nach Ayurveda" ISBN: 3-89566-166-X, deren Rezepte als Basis für meine Brote verwendet und abgewandelt wurden, da ich – im Gegensatz zu den beiden Autoren – mit selbst hergestellter Wildhefe arbeite, was andere Mengen und Gärprozesse bedeutet.

Bitte achtet immer darauf, dass ihr eine gute Grundstimmung und ausreichend Zeit zum Backen mitbringt. Die Stimmung hat Auswirkung auf den Backvorgang, da, nach meiner Auffassung, mit dem Backen ein Stück meiner Seele zum Vorschein kommt. Wenn Ihr mal einen schlechten Tag erwischt habt, verschiebt das Backen lieber auf einen anderen Tag, dann gelingt es Euch sicher besser. Ein guter Freund sagte zu mir:

Das was der Mensch gerne tut, das tut er gut

Für mich liegt sehr viel Wahrheit in diesem Satz. Vor allem beim Backen merke ich es intensiv. Wenn ich z.B. mit Roggensauerteig arbeite und meine **Vinschgerl** erstelle und nicht mehr weiß, wohin mit dem Teig, da er überall klebt, ist es wichtig die Ruhe zu haben und mit Freude zu arbeiten. In solchen Momenten stelle ich mir schon vor, wie schön und angenehm das Brot schmecken wird, welche Farbe die Kruste annehmen wird oder welches Gewürz ich herausschmecken werde.

Erlaubt mir den Hinweis, dass alle meine vorgestellten Rezepte mit Sauerteig, einige noch in Verbindung mit Hefeteig erstellt werden, da ich mit dieser Kombination am besten umgehen und die besten Ergebnisse erzielen kann.

So, nun meine ich, Euch alle meine Tipps für ein gutes Gelingen mitgegeben zu haben und wünsche Euch viel Freude beim Backen und gute Backergebnisse!

REZEPTE

Dinkelvollkornbrot

Das Brot ist das Einfachste seiner Art. Wir brauchen wenige Zutaten und haben nur zwei Gärvorgänge. Der Erfolg ist daher sicherlich vorprogrammiert. Wenn Ihr auf Sauerteig verzichten wollt, lasst ihn einfach weg und erhöht die Menge des Hefewassers um 100 ml und das Dinkelmehl um 100 g.

Für ein Kastenbrot (Königsform):

Zutaten: Gehzeiten:

750 g   fein gemahlenes   1 x 6 Stunden
*   Vollkorndinkelmehl   1 x 2 Stunden*
1 EL   gemahlenes Meersalz
250 g   Sauerteig
200 ml   Hefewasser (Zimmertemperatur)
200 ml   lauwarmes Wasser
1 EL   Sonnenblumen- und / oder Kürbiskerne (bei Bedarf)

1.) Alle Zutaten vermischen und ca. 10 Minuten zu einen geschmeidigen Teig kneten. Wenn Ihr eine Küchenmaschine besitzt, diese auf mittlere Stufe stellen. Wenn bei diesem Vorgang Mehl auf der Innenseite hängen bleibt, den Knetvorgang unterbrechen, mit einem Küchenschaber das Mehl und die an der Seite befindlichen Zutaten zusammenschieben und die Maschine wieder einschalten.

2.) Der Teig sollte nun eine sehr fluffige Konsistenz haben. Bitte nun in ein anderes Behältnis geben (ich empfehle eine Kunststoffschüssel), damit der Teig aus der kalten Edelstahlschüssel herauskommt in eine wärmere Umgebung. Nun den Teig mit einem feuchten Tuch (das mit warmen Wasser anfeuchten) zudecken und ca. 6

Std. gehen lassen, bis sich der Teig in etwa verdoppelt hat. Solltet ihr in dieser Zeit noch keine Erfolge haben, lasst ihn einfach länger stehen. Am besten eignet sich das (ausgeschaltete) Backrohr, da dies ein zugfreier und gleichmäßig, warmer Ort ist.

3.) Zwischenzeitlich die Kastenform mit Ghee, Margarine oder Sonnenblumenöl einfetten und anschließend mit ein wenig Mehl bestäuben, damit wir das Brot, wenn es fertig ist, in einem Rutsch aus der Form nehmen können.

4.) Nun den Teig aus der Schüssel nehmen und nochmals in die Küchenmaschine umfüllen und ca. 2 – 3 Min. kräftig bei mittlerer Stufe durchkneten. Wenn Ihr wollt, könnt Ihr nach Belieben Kürbiskerne oder Sonnenblumenkerne hinzufügen.

5.) Dann den Teig herausnehmen und in die Kastenform einfüllen. Der Teig sollte gleichmäßig in der Kastenform verteilt sein. Anschließend mit einem Messer (oder dem Teigschaber) den Teig der Länge nach, ca. 1 cm, tief einschneiden. Über die Kastenform erneut das feuchte Tuch legen und an einen warmen Ort stellen (am besten dorthin, wo schon die Schüssel gestanden hat). Der Teig sollte nach ca. 2 Std. bereits aufgegangen sein. Das erkennt Ihr daran, wenn er am Rande der Kastenform angekommen ist.

6.) Zwischenzeitlich den Ofen auf 200 Grad vorheizen. Das Brot dann ca. 1 Std. backen. Bevor Ihr es herausnehmt, bitte unbedingt den „Gabeltest" durchführen. Da das Brot voraussichtlich aufplatzen wird, hat es verschiedene Krater. In einen der Krater mit der Gabel einstechen. Wenn beim Herausziehen der Gabel keinerlei Teigreste übrig bleiben, ist das Brot fertig. Dann den Herd ausschalten und das Brot im Ofen abkühlen lassen.

7.) Nach etwa 30 Min. das Brot aus dem Ofen nehmen, aus der Backform befreien, auf einem Gitterrost stellen und ca. 1 Std. auskühlen lassen. Anschließend ist es zum sofortigen Verzehr geeignet.

Dreikornvollkornbrot (Buchweizen-Dinkel-Roggen)

Wenn das erste Brot gelungen ist, versuchen wir uns mal an etwas Aufwändigerem. Ich empfehle es ohne Sauerteig. Solltet ihr aber mit Sauerteig arbeiten wollen, nehmt 500 ml weniger Hefewasser, dafür 300 g Sauerteig. Das erste Mehrkornbrot bedarf lediglich ein paar Handgriffe mehr, sonst bleibt alles beim gleichen Vorgang, wie beim Dinkelvollkornbrot. Aber alles langsam zum Mitschreiben:

Für ein bis zwei Kastenbrote (Königsform) oder einen, bis zwei runde Laibe:

Zutaten:		Gehzeiten:
750 g	fein gemahlenes	1 x 12 Std.
	Buchweizenvollkornmehl	1 x 12 Std.
300 g	fein gemahlenes	1 x 4 Std.
	Dinkelvollkornmehl	
350 g	fein gemahlenes Roggenvollkornmehl	
2 EL	gemahlenes Meersalz	
1 EL	gemahlenen Fenchel	
2 EL	gemahlenen Koriander	
1 EL	gemahlenes Anis	
1 EL	Leinsamen	
750 ml	Hefewasser (Zimmertemperatur)	
200 ml	lauwarmes Wasser	

1.) Zu diesem Brot empfehle ich erstmals einen Vorteig. Der ist ganz einfach herzustellen. Dazu entnehmt Ihr vom Roggenvollkornmehl ca. 100 g und fügt 100 ml lauwarmes Wasser hinzu. Das miteinander zu einer schönen, zähflüssigen Masse vermengen, bis sich leichte Blasen bilden. Den Vorteig solltet Ihr mindestens 8 Stunden, es empfiehlt sich allerdings 12 -16 Stunden, an einem warmen Ort ruhen lassen.

2.) Nach Ablauf der Wartezeit, alle übrigen Zutaten vermischen und ca. 10 Minuten zu einen geschmeidigen Teig kneten. Wenn Ihr eine Küchenmaschine besitzt, diese auf mittlere Stufe stellen. Wenn bei diesem Vorgang Mehl auf der Innenseite hängen bleibt, den Knetvorgang unterbrechen, mit einem Küchenschaber das Mehl und die an der Seite befindlichen Zutaten zusammenschieben und weiter kneten. Beobachtet bitte den Teig während dem Knetvorgang. Wenn er schön locker wird, passt alles, anderenfalls ein wenig mehr Wasser, oder Hefewasser, zufügen.

3.) Der Teig sollte nun eine sehr fluffige, leicht klebrige Konsistenz haben. Bitte nun in ein anderes Behältnis geben (ich empfehle eine Kunststoffschüssel), damit der Teig aus der kalten Edelstahlschüssel herauskommt in eine wärmere Umgebung. Nun den Teig mit einem feuchten Tuch (das mit warmen Wasser anfeuchten) zudecken und ca. 12 Std. gehen lassen, bis sich er sich in etwa verdoppelt hat. Dabei gilt, lieber länger, als kürzer gehen lassen.

4.) Nun sollte sich der Teig in etwa um ein Drittel, bis die Hälfte, vergrößert haben. Wichtig ist, unabhängig von der Vergrößerung, dass der Teig nach wie vor eine gute Konsistenz hat und sich auf der Oberseite leichte Bläschen gebildet hat. Vor allem sollte er einen angenehmen Geruch entwickelt haben. Zwischenzeitlich die Kastenform(en) mit Ghee, Margarine oder Sonnenblumen- oder Maiskeimöl einfetten und anschließend mit ein wenig Mehl bestäuben, damit wir das Brot, wenn es fertig ist, in einem Rutsch aus der Form nehmen können. Das Mehl sollte vollflächig den Innenbereich der(s) Brotkasten ausfüllen.

5.) Nun den Teig aus der Schüssel nehmen und nochmals in die Küchenmaschine umfüllen und ca. 2 – 3 Min. bei mittlerer Stufe kräftig durchkneten. Das Hinzufügen von weiteren Zutaten empfehle ich bei diesem Brot nicht, da das Mehrkornbrot schon sehr üppig ist. Die empfohlenen Leinsamen sind sehr sinnvoll, da sie der Blähwirkung der Gluten, die sich im Roggen befinden, entgegenwirken und die Magenschleimhaut entkrampfen.

6.) Nach Beendigung des Vorgangs, den Teig herausnehmen und in die Kastenform(en) umfüllen. Er sollte gleichmäßig in der Kastenform verteilt sein. Solltet Ihr das Gefühl haben, dass Ihr zu viel Teig habt, da er sich stark vergrößert hat, dann bereitet lieber noch eine zweite Kastenform vor, oder wagt Euch an einen, oder zwei runde Laiber (siehe 5a). Nun dem Teig einen Längsschnitt, ca. 1 cm tief, versehen, erneut mit einem feuchten, warmen Tuch abdecken und ca. 4 Std. an einem warmen Ort erneut gehen lassen.

5.a) Solltet Ihr Euch für einen, oder zwei, runde Laiber Brot entscheiden, beachtet bitte Folgendes: Der Teig hat normalerweise eine sehr klebrige Konsistenz, das bedeutet, es wird eine sehr klebrige Angelegenheit, einen Laib zu formen. Daher rate ich, die Arbeitsfläche mit sehr viel Roggenvollkornmehl zu bestreuen, damit die Arbeitsfläche gut bedeckt ist. Anschließend taucht

Eure Hände in Mehl und arbeitet zügig los. Nun die Teigmasse aus dem Behältnis auf die Arbeitsfläche kippen, den Teig mit sehr viel Mehl bestäuben und sofort bearbeiten. Wichtig dabei ist, dass Ihr rasch arbeitet, da der Teig sehr schnell das Mehl aufsaugen und alsbald die klebrige Masse wieder zum Vorschein kommen kann. Daher viel Mehl verwenden. Nun entweder ein, oder zwei, Laiber Brot (je nach dem was Euch beliebt, wollt Ihr einen großen oder zwei kleine Laiber haben), formen. Wenn Ihr zwei Laiber Brot erstellen wollt, dann teilt Ihr den Teig in zwei etwa gleiche Hälften und formt je einen schönen, runden (oder auch in Herzform) Teig und legt diesen auf ein Backpapier. Bitte legt das Backpapier vorher auf ein Backblech. Verpasst den Teig nun einen Kreuzschnitt (ca. 1 cm tief). Anschließend deckt ihr ihn mit einem warmen Tuch ab und stellt ihn etwa 4 Stunden erneut an einem warmen Ort.

7.) Zwischenzeitlich den Ofen auf 200 Grad vorheizen. Damit Ihr eine schöne Kruste erhaltet, empfehle ich, entweder eine feuerfeste Schale mit heißem Wasser zu Beginn des Backvorgangs in den Ofen zu geben und die Oberseite des Brotes regelmäßig (alle 20 Min) mit Wasser zu besprühen. Das Brot dann ca. 1 Std. backen. Bevor Ihr es herausnehmt, bitte unbodingt den „Gabeltest" durchführen. Da das Brot aufplatzen wird, hat es verschiedene Krater. In einen der Krater mit der Gabel einstechen. Wenn beim Herausziehen der Gabel keinerlei Teigreste ankleben bleiben, ist das Brot fertig. Dann den Herd ausschalten und das Brot im Ofen ca. 30 Min. abkühlen lassen.

8.) Nach etwa 30 Min. das Brot aus dem Ofen nehmen, unbedingt in der Backform belassen und ca. 1 Std. auskühlen lassen. Dann das Brot stürzen und auf einem Gitter abkühlen lassen. Nach etwa 3 Stunden ist das Brot essbar.

Roggenvollkornbrot mit Leinsamen und Sesam

Unser drittes Brot geht nun in Richtung Roggenvollkorn. Wir fügen dem Brot ein wenig Leinsamen und ungeschälten Sesam hinzu, was sich gut auf die Darmflora auswirken wird. Ihr werdet merken, dass sich das Roggenvollkornbrot länger hält und ab dem 2. Tag sein volles Aroma entwickelt, das bedeutet, nach den ersten 24 Stunden kann man den Geschmack erahnen, nach 48 Stunden wird der Geschmack interessant und ab dem dritten Tag habt Ihr den vollen Geschmack des Brotes. Solltet Ihr den Sauerteig weglassen wollen, fügt bitte 300 ml mehr Hefewasser zu.

Für ein Kastenbrot (Königsform):

Zutaten:		Gehzeiten:
850 g	*fein gemahlenes Roggenvollkornmehl*	*1 x 6 Std.*
		1 x 12–14 Std.
200 g	*Sauerteig*	*1 x 2 Std.*
2 EL	*Leinsamen*	
2 EL	*gemahlenes Meersalz*	
1 EL	*gemahlenen Fenchel*	
1 EL	*gemahlenen Koriander*	
1 EL	*gemahlenes Anis*	
2 EL	*ungeschälter Sesam*	
1 EL	*Sonnenblumenkerne*	
1 EL	*Sonnenblumenöl*	
350 ml	*Hefewasser (Zimmertemperatur)*	
100 ml	*lauwarmes Wasser*	

1.) Zu diesem Brot empfehle ich erneut einen Vorteig. Dieser hier unterscheidet sich aber ein wenig vom vorherigen, ist ganz trotzdem ganz einfach herzustellen. Dazu entnehmt Ihr vom Roggenvollkornmehl ca. 250 g und gebt 50 ml lauwarmes Wasser und 50 ml selbst hergestelltes

Hefewasser hinzu. Ferner fügt Ihr dieser Teigmasse den Sauerteig bei. Nach und nach weitere 120 g Roggenvollkornmehl und 150 ml Hefewasser zufügen. Das miteinander zu einer schönen, zähflüssigen Masse vermengen, bis sich leichte Blasen bilden. Dann umfüllen in ein anderes Gefäß, ich empfehle eine Kunststoffschüssel. Den Vorteig solltet Ihr ca. 6 Stunden unter einem feuchten Tuch an einem warmen Ort ruhen lassen.

2.) Den Teig nach der Ruhezeit ordentlich, ca. 2 Min., durchkneten (es empfiehlt sich die Küchenmaschine) und von dieser Masse in etwa erneut 200 g entnehmen und in einem Gefäß mit Schraubverschluss in den Kühlschrank stellen.

3.) Nach Ablauf der Wartezeit, alle übrigen Zutaten mit Ausnahme von Leinsamen und Sesam vermischen und ca. 10 Minuten zu einen geschmeidigen Teig kneten. Wenn Ihr eine Küchenmaschine besitzt, diese auf mittlere Stufe stellen. Wenn bei diesem Vorgang Mehl auf der Innenseite hängen bleibt, den Knetvorgang unterbrechen, mit einem Küchenschaber das Mehl und die an der Seite befindlichen Zutaten zusammenschieben und die Maschine wieder einschalten. Beobachtet bitte den Teig während dem Knetvorgang. Wenn er schön locker wird, passt alles, anderenfalls ein wenig mehr Hefewasser zufügen.

4.) Der Teig sollte nun eine leicht klebrige Konsistenz haben. Bitte nun in ein anderes Behältnis geben (ich empfehle eine Kunststoffschüssel), damit der Teig aus der kalten Edelstahlschüssel herauskommt in eine wärmere Umgebung. Nun den Teig mit einem feuchten Tuch (das mit warmen Wasser anfeuchten) zudecken und ca. 12-14 Std. gehen lassen, bis er sich verdoppelt hat. Dabei gilt, lieber länger als kürzer gehen lassen.

5.) In der Zwischenzeit die Kastenform mit Ghee, Butter oder sonstigen Fetten ausstreichen und anschließend mit Roggenvollkornmehl leicht bestäuben, so dass alle Innenflächen der Form mit Mehl bedeckt sind.

6.) Nun den Teig aus der Schüssel nehmen, nochmals in die Küchenmaschine umfüllen und ca. 2 – 3 Min. kräftig durchkneten bei mittlerer Stufe. Bei diesem Vorgang werden wir die restlichen Zutaten hinzufügen. Das Sonnenblumenöl erst frühestens nach ca. 30 Sekunden des begonnenen Vermengungsvorgangs zufügen, damit der anstehende Gärvorgang nicht unterbrochen wird. Dann den Teig herausnehmen und in die Kastenform einfüllen. Der Teig sollte gleichmäßig in der Kastenform verteilt sein.

7.) Nun die Kastenform erneut mit einem feuchten, warmen Tuch abdecken und ca. 1 - 2 Stunden an einen warmen Ort abstellen und gehen lassen. Der Teig sollte nun in etwa bis zur Höhe der Brotbackform gehen, wobei das Augenmerk auf den Geruch und die Konsistenz des Teiges gilt. Selbst wenn der Teig nicht so stark aufgeht, wie erwünscht, die beiden übrigen Präferenzen jedoch passen, ist die Wahrscheinlichkeit groß, dass beim anschließenden Backvorgang das Brot seine gewünschte Größe erreicht.

8.) Zwischenzeitlich den Ofen auf 200 Grad vorheizen. Damit Ihr eine schöne Kruste erhaltet, empfehle ich, entweder eine feuerfeste Schale mit Wasser zu Beginn des Backvorgangs in den Ofen zu geben und regelmäßig (alle 20 Min) die Oberseite des Brotes mit Wasser zu besprühen. Das Brot dann ca. 1 Std. backen. Bevor Ihr es herausnehmt, bitte unbedingt den „Gabeltest" durchführen. Da das Brot aufplatzen wird, hat es verschiedene Krater. In einen der Krater mit der Gabel einstechen. Wenn beim Herausziehen der Gabel keinerlei Teigreste übrig bleiben, ist das Brot fertig. Sollten noch Teigreste vorhanden sein, noch nachbacken, in etwa 15 – 20 Minuten. Immer wieder den Teigtest durchführen, manchmal dauert ein Brot eben länger. Dann den Herd ausschalten und das Brot im Ofen ca. 30 Min. abkühlen lassen.

9.) Nach etwa 30 Min. das Brot aus dem Ofen nehmen, unbedingt in der Backform belassen und ca. 1 Std. auskühlen lassen. Dann das Brot stürzen und auf einem Gitter abkühlen lassen. Ich empfehle, das Brot frühestens 24 Std. nach dem Backen anzuschneiden und zu verzehren.

Dinkel-Amarant-Vollkorn-Brot mit Leinsamen und Sesam

Jetzt steigen wir in eine neue Kategorie des Brotbackens ein. Heute verwenden wir zum ersten Mal Amarantvollkornmehl. Amarant kommt ursprünglich aus Südamerika und wurde bereits von den Naturvölkern der Azteken, Mayas und Inkas als Hauptnahrungsmittel verwandt. Es ist äußerst reich an wertvollen Nährstoffen und vor allem klebereiweißfrei. Es beinhaltet mehrere ungesättigte Fettsäuren und ist für Allergiker geeignet, da es frei von Gluten ist. Ferner sollten es Schwangere, Zölliakiekranke und Kinder zu sich nehmen, da es einen nachweislich hohen Eiweißgehalt beinhaltet.

Für ein Kastenbrot (Königsform):

Zutaten:		Gehzeiten:
300 ml	Hefewasser	1 x 8 Std.
100 ml	lauwarmes Wasser	1 x 2 Std.
600 g	Dinkelvollkornmehl	
100 g	Amarantvollkornmehl	
1 EL	gemahlenes Meersalz	
2 EL	ungeschälter Sesam	
2 EL	Amarantkörner	
1 EL	Leinsamen	

1.) Alle Zutaten in eine Schüssel geben und zu einen geschmeidigen Teig, ca. 10 Minuten, bei anfangs kleiner Stufe (ca. 3 Minuten), dann bei mittlerer Stufe (7 Minuten) kneten.

2.) Den Teig dann in ein neues Behältnis geben (empfehlenswert ist eine Kunststoffschale), damit er aus der kalten Edelstahlschüssel umgefüllt wird und genügend Platz zur Entfaltung hat. Das Behältnis mit einem feuchten, warmen Tuch abdecken und an einen warmen, zugfreien Ort, für etwa 8 Stunden, stellen und gehen lassen.

3.) Währenddessen die Brotkastenform mit Ghee oder sonstigen Fett einstreichen und anschließend mit Mehl bestäuben, bis alle Innenteile der Form mit Mehl bedeckt sind.

4.) Der Teig sollte in etwa um die Hälfte gewachsen sein und angenehm süßlich riechen. Nun umfüllen in die Rührschüssel und nochmals ca. 3 Minuten kräftig kneten. Anschließend in die vorgefertigte Kastenform umschütten und gleichmäßig verteilen. Die Oberseite des Teiges mit einem Messer der Länge nach, ca. 1 cm. tief, einschneiden.

5.) Nun den Teig erneut mit einem feuchten, warmen Tuch abdecken und an einen zugfreien, warmen Ort in etwa 2 Stunden gehen lassen.

6.) Der Teig dürfte in etwa bis zum Kastenrand gewachsen sein. Nun geben wir den Teig in den auf 200 Grad vorgeheizten Ofen, gemeinsam mit einem feuerfesten Schälchen heißen Wassers und Backen das Brot in etwa 1 Stunde. Alle 20 Minuten sollten wir die Oberseite des Brotes mit Wasser besprühen, um eine schöne Kruste zu erhalten.

7.) Das Brot ist fertig, wenn es den „Gabeltest" besteht. Dann ca. 15 – 30 Minuten im abgeschalteten Ofen belassen. Danach aus dem Ofen nehmen und auf ein Gitter stellen. Nach einer weiteren Stunde kann man das Brot aus der

Kastenform auf das Gitter stürzen und auskühlen lassen.

8.) Das Brot kann nach etwa 2 Stunden bereits verspeist werden.

Dinkel-Quark-Buchweizen-Brot

Nachdem wir nun ein Brot für die Allergiker gebacken haben, widmen wir uns heute wieder dem „normalen" Brot. Als Quark eignet sich jeder, der handelsüblich ist. Da ich jedoch ein Buch auf ayurvedischer Basis schreibe, verwende ich einen selbst erstellten Quark.

Quark- und Joghurtherstellung ist denkbar einfach. Beginnen wir mit Quarkherstellung. 2 Liter handelsübliche Milch (3,5% Fett) auf 42 Grad erhitzen (bitte mit Thermometer arbeiten, das ist sehr wichtig). Die Milch vom Herd nehmen, in ein anders Behältnis umfüllen und auf 35 Grad abkühlen lassen. Nun den Saft einer ganzen Zitrone hinzufügen. Das Behältnis für ca. 18 Stunden an einen warmen, zugdichten Ort stellen, der ca. mindestens 25 Grad warm ist. Danach sollte der Quark stichfest sein.

Es gibt noch eine zweite Möglichkeit der Quarkherstellung. Hierzu benötigt Ihr Frischmilch, also nicht homogenisiert und nicht pasteurisiert, direkt vom Bauern. Diese Milch (beginnen wir mit ½ Liter) in einen Topf geben. Den Saft von 2 Limetten oder 2 Zitronen hinzufügen, alles gut verrühren. Je mehr Zitronen- oder Limettensaft Ihr hinzugebt, desto schneller verklumpt die Milch und es bilden sich kleine Flöckchen. Nun einen Kaffeefilter mit einer Papierfiltertüte auf ein Behältnis geben und die Flüssigkeit langsam einfüllen. Im Filter bleibt ca. 400 ml Molke übrig. Nach etwa 1 Stunde hat sich im Kaffeefilter der fertige Quark gebildet, den man entweder mit einem Löffel entfernt oder einfach umstürzt und sofort verwenden kann.

Nun das Rezept:

Für ein Kastenbrot (Königsform):   *Gehzeiten:*

350 g	*gemahlenes*	
	Dinkelvollkornmehl	*1 x 12 Std.*
250 g	*frisch geschroteter Dinkel**	*1 x 1 Std.*
100 g	*gemahlenes*	
	Buchweizenvollkornmehl	*1 x 4 Std.*
250 ml	*Flüssighefe*	*1 x 1 Std.*
100 ml	*lauwarmes Wasser*	
2 TL	*fein gemahlenes Meersalz*	
500 g	*zimmerwarmer Quark*	
2 EL	*Sonnenblumenöl*	
2 EL	*Leinsamen*	

* wenn Ihr keine Getreidemühle habt, besorgt Euch bitte im Reformhaus oder beim Bio-Laden Eures Vertrauens die entsprechende Menge, frisch geschroteten Dinkels.

1.) 100 g Dinkelvollkornmehl und 100 ml. lauwarmes Wasser zu einem geschmeidigen Teig verrühren und über Nacht 12 Stunden an einem warmen, zugfreien Ort gehen lassen. Auf das Behältnis ein feuchtes, warmes Tuch legen.

2.) Nach den 12 Stunden das restliche Dinkelvollkornmehl, den frisch geschroteten Dinkel, Meersalz, das Buchweizenvollkornmehl, die Flüssighefe, als auch das lauwarme Wasser und den Vorteig in eine Schüssel geben und miteinander ca. 10 Minuten zu einen Teig vermengen, entweder mit der Küchenmaschine oder mit der Hand.

3.) Den Teig dann in ein neues Behältnis geben (empfehlenswert ist eine Kunststoffschale), damit er aus der kalten Edelstahlschüssel umgefüllt wird und genügend Platz zur Entfaltung hat. Das Behältnis mit einem feuchten, warmen Tuch abdecken und an einen warmen, zugfreien Ort für etwa 1 Stunden stellen.

4.) Dann den Teig erneut in die Teigschüssel umfüllen und die übrigen Zutaten, Leinsamen und Quark hinzufügen. Alles zusammen, ca. 10 Minuten, zu einen geschmeidigen Teig verrühren. Langsam, am besten tröpfchenweise, das Sonnenblumenöl dem Teig zuführen. Wenn der Teig die entsprechende Konsistenz hat, erneut in die Kunststoffschale umfüllen, ein feuchtes, warmes Tuch darüber legen und ca. 4 Stunden an einen warmen, zugfreien Ort gehen lassen.

5.) Währenddessen die Brotkastenform mit Ghee oder sonstigem Fett einstreichen und anschließend mit Mehl bestäuben, bis alle Innenteile der Form mit Mehl bedeckt sind.

6.) Der Teig sollte nun angenehm riechen und sein Volumen zwischen ⅓ bis ½ vergrößert haben. Nun füllen wir ihn in die vorbereitete Brotkastenform um und verteilen die Teigmasse gleichmäßig. Die Oberseite des Teiges schneiden wir ca. 1 cm tief der Länge nach ein. Erneut decken wir den Teig mit einem warmen, feuchten Tuch ab, stellen das Behältnis an einen warmen, zugfreien Ort und lassen den Teig nochmals etwa 1 Stunde gehen.

7.) Der Teig dürfte in etwa bis zum Kastenrand gewachsen sein. Nun geben wir ihn in den auf 200 Grad vorgeheizten Ofen, gemeinsam mit einem feuerfesten Schälchen heißen Wassers und Backen das Brot in etwa 1 Stunde. Alle 20 Minuten sollten wir die Oberseite des Brotes mit Wasser besprühen.

8.) Das Brot ist fertig, wenn es den „Gabeltest" besteht. Dann ca. 15 – 30 Minuten im abgeschalteten Ofen belassen. Danach aus dem Ofen nehmen und auf ein Gitter stellen. Anschließend aus der Kastenform auf das Gitter stürzen und auskühlen lassen.

9.) Das Brot kann nach etwa 2 Stunden bereits verspeist werden.

Dinkel-Weizenvollkorn-Bananen-Nuss-Brot
Power für den Tag

Dieses Brot ist was für Sportler, aber natürlich auch für alle anderen, die gerne mit einem Energieschub in den Tag starten wollen. Die Banane gibt einen Kick, da sie 10 verschiedene Vitamine, 18 Mineralstoffe und jegliche Aminosäuren und Spurenelemente beinhaltet. Dadurch wird das Gehirn, als auch das zentrale Nervensystem, mit allen erforderlichen Nährstoffen versorgt und kann somit schneller und effizienter arbeiten. Davon abgesehen, schmeckt das Brot himmlisch und riecht sehr gut.

Hier das Rezept:

Für ein Brot in der Kastenform   *Gehzeiten:*

300 g	*fein gemahlenes Weizenvollkornmehl*	*1 x 6 Std.* *1 x 1 Std.*
500 g	*fein gemahlenes Dinkelvollkornmehl*	
2 – 3	*kleine, reife Bananen*	
1 EL	*dickflüssiger, süßer Sirup (z.B. Ahorn oder Agaven)*	
1 EL	*gemahlener Fenchel*	
1 EL	*gemahlener Koriander*	
1 El	*Anis*	
2 EL	*Leinsamen*	
2 EL	*Sesam*	
2 EL	*gemahlenes Meersalz*	
75 g	*gemahlene, geröstete Hasel- oder Walnüsse*	
75 g	*gemahlene, geröstete Mandeln*	
500 ml	*Hefewasser*	
200 ml	*lauwarmes Wasser*	

1.) Die Nüsse klein hacken (am besten mit einer Maschine, wenn man keine gehackten Nüsse hat) und frisch in einer Pfanne, ohne Fett, rösten.

2.) Die Bananen zerdrücken zu einem dicken Brei (von der Konsistenz so, als ob man einem kleinen Kind einen Bananenbrei zubereitet).

3.) Alle Zutaten, **mit Ausnahme von Leinsamen und Sesam,** in eine Schüssel geben und zu einem geschmeidigen Teig, ca. 10 Minuten, gut verrühren. Da es sehr viele weiche und flüssige Zutaten gibt, kann in diesem Fall auf eine Küchenmaschine verzichtet werden, da sich alle Bestandteile gut und einfach miteinander verbinden.

4.) Den Teig dann in ein neues Behältnis geben (empfehlenswert ist eine Kunststoffschale), damit er aus der kalten Edelstahlschüssel umgefüllt wird und genügend Platz zur Entfaltung hat. Das Behältnis mit einem feuchten, warmen Tuch abdecken und an einen warmen, zugfreien Ort für etwa 6 Stunden stellen.

5.) In der Zwischenzeit die Backform mit Ghee oder einem Pflanzenöl ausfetten und anschließend mit ein wenig Mehl bestäuben, damit wir das Brot nach dem Backvorgang problemlos herausnehmen können.

6.) Dann den Teig erneut in die Teigschüssel umfüllen und die übrigen Zutaten, Leinsamen und Sesam hinzufügen. Alles zusammen nochmals ca. 2 Minuten zu einem geschmeidigen Teig verrühren.

7.) Den Teig nun in die vorbereitete Backform umfüllen. Der Teig sollte eine leicht, klebrige Konsistenz haben. Unter einem warmen, feuchten Tuch sollte er in einer konstant, warmen, zugfreien Umgebung eine weitere Stunde gehen.

8.) Zwischenzeitlich den Herd auf 200 Grad vorheizen.

9.) Nun das Brot in den Ofen schieben und ca. 1 Std. backen. Gleichzeitig etwa eine Tasse heißes Wasser in eine feuerfeste Form in das Backrohr stellen.

10.) Nach einer Stunde sollte das Brot fertig sein (bitte den Gabeltest durchführen). Dann noch ca. 15 Minuten im Rohr auskühlen lassen. Anschließend das Brot aus dem Brotkasten nehmen und auf einem Gitterrost stellen und ca. 1 Stunde auskühlen lassen.

11.) Ich empfehle einen Verzehr erst nach ca. 12 Stunden, wenn sich das Brot „gesetzt" hat. Guten Appetit.

Vinschgerl

Wer kennt sie nicht, die knusprigen, dunkelbraunen, knackigen Brotlaibchen aus Südtirol und Umgebung. Immer, wenn ich nach einem Kurztrip aus Südtirol zurückgekommen bin, habe ich für diese Leckerei geschwärmt. Nun habe ich ein Rezept gefunden, das ich Euch gleich weitergeben will. Der erste Versuch war gescheitert, da ich mich genau an das Rezept gehalten habe, die Fladen mir die Fertigstellung jedoch leider verwehrt haben, da sie klein bleiben wollten. Daher habe ich ein wenig experimentiert und nun gehen sie voll auf.

Man nehme:

*Für 6 runde Laibchen
auf 2 Backblechen:*   *Gehzeiten:*

700 g	*fein gemahlenes Roggenvollkornmehl*	*1 x 2 Std.* *1 x 2 Std.*
300 g	*fein gemahlenes Dinkelvollkornmehl*	
2 EL	*gemahlener Fenchel*	
2 EL	*gemahlener Kümmel*	
2 EL	*gemahlener Koriander*	
425 ml	*Hefewasser*	
350 ml	*lauwarmes Wasser*	
3 EL	*gemahlenes Meersalz*	
200 g	*Sauerteig*	

1.) Alle Zutaten in eine Schüssel geben und zu einem geschmeidigen Teig, ca. 10 Minuten, gut verrühren. Hier empfiehlt sich auf jeden Fall eine Küchenmaschine. Da wir einen Teig erhalten, der überwiegend Roggendominanz hat, wird seine Konsistenz sehr klebrig werden.

2.) Den Teig dann in ein neues Behältnis geben (empfehlenswert ist eine Kunststoffschale), damit er aus der kalten Edelstahlschüssel umgefüllt wird und genügend Platz zur Entfaltung hat. Das Behältnis mit einem feuchten, warmen Tuch abdecken und an einen warmen, zugfreien Ort für etwa 2 Stunden stellen.

3.) Dann den Teig erneut in die Teigschüssel umfüllen und alles zusammen nochmals ca. 2 Minuten zu einem geschmeidigen Teig verrühren. Bevor wir nun den Teig auf die Arbeitsfläche kippen, diese mit ausreichend viel Roggenvollkornmehl bestreuen.

4.) Den Teig nun auf die Arbeitsfläche kippen. Dann nehmen wir eine Hand voll Roggenvollkornmehl und bestreuen die Oberfläche des Teigs. Mit einer weiteren, guten Hand voll Mehl, kneten wir ihn nochmals durch, bis sich die klebrige Substanz zu einer geschmeidigen Masse verändert hat. Nun schneiden wir aus diesem Teig 6, in etwa gleichgroße, Stücke heraus.

5.) Jedes dieser Teigstücke formen wir zu einer Kugel und drücken diese auf ein Backpapier, das sich wiederum auf einem Backblech befindet. Jedes Vinschgerl mit der Gabel mehrmals einstechen. Pro Backblech können wir drei Vinschgerl auflegen.

6.) Jedes Blech ca. 50 Minuten bei 200 Grad backen. Während das erste Blech backt, über das andere Blech ein warmes, feuchtes Tuch legen. Das Vinschgerl ist fertig, wenn es den „Gabeltest" besteht.

7.) Nun nur noch aus dem Ofen herausnehmen und auskühlen lassen. Die Vinschgerl können nach ca. 1 Tag verspeist werden.

Dinkel-Kürbisbrot

Jetzt kommen wir schon langsam in den Herbst hinein. An unserem Wohnort, der kanarischen Insel La Palma, haben wir das Glück, dass wir Kürbis das ganze Jahr ernten können. Hier haben wir in etwa drei Erntephasen. Auf dem Festland ernten wir den Kürbis in der Regel erst im Herbst, sofern er nicht im Gewächshaus gezogen wird. Daher ist dieses Rezept eher ein Herbst-, oder sogar Winterrezept.

Nun das Rezept:

Für ein bis zwei Kastenbrote (Königsform):	*Gehzeiten:*

800 g	*gemahlenes Dinkelvollkornmehl*	*1 x 12 Std.*
		1 x 2 Std.
400 g	*frischer Kürbis*	*1 x 1 Std.*
3 EL	*gemahlenes Meersalz*	
1 EL	*gemahlener Koriander*	
1 EL	*gemahlenes Anis*	
2 EL	*Leinsamen*	
1 EL	*Sonnenblumenkerne*	
2 EL	*Kürbiskerne*	
100 g	*gemahlene Walnüsse **und / oder***	
100 g	*geröstete, gemahlene Haselnüsse*	
200 ml	*warmes Wasser*	
800 ml	*Hefewasser*	

1.) Wir beginnen unsere Tätigkeit vor dem eigentlichen Backen, also einen Tag vorher und setzen einen Vorteig an. Dazu verwenden wir 100 ml warmes Wasser und 100 g gemahlenes Dinkelvollkornmehl. Beides wird gut miteinander vermengt, in ein Behältnis gefüllt und mit einem feuchten, warmen Tuch abgedeckt an einen warmen Ort gestellt. Dort darf der Vorteig ca. 12 Stunden gehen.

2.) Nun, nach den 12 Stunden, das restliche Dinkelvollkornmehl in die Teigschüssel geben. Dazu kommen das Meersalz, der Koriander, das Anis, die Sonnenblumenkerne und die Kürbiskerne, als auch das Hefewasser und das restliche, warme Wasser (100 ml). Alles ca. 10 Minuten miteinander vermengen zu einem schönen, runden, leicht klebrigen Teig.

3.) Den Teig wieder in die „Gehschüssel" umfüllen, ein warmes, feuchtes Tuch darüber stülpen und an einen warmen Ort ca. 2 Stunden gehen lassen.

4.) Zwischenzeitlich den Kürbis von seinen Körnern und seinen Fasern befreien und fein raspeln. Die Kürbiskerne können wir trocknen und später wieder verwenden.

5.) Den Teig nun wieder umfüllen in die Teigschüssel und nach und nach den Kürbis hinzufügen, bis der Teig den gesamten Kürbis aufgenommen hat. Nun die restlichen Zutaten ebenfalls langsam hinzufügen. Wenn der Teig zu feucht sein sollte, können wir löffelweise immer wieder ein wenig Dinkelvollkornmehl hinzugeben. Der Teig sollte zum Abschluss der Vermengung mit dem Kürbis eine leicht klebrige Form haben.

6.) Nun den Teig in die vorbereitete Kastenform geben (geölt und mit Dinkelvollkornmehl bestreut) und eine weitere Stunde an einen warmen Ort zugedeckt gehen lassen. Sollte sich die Teigmenge derart vergrößert haben, dass ein

Kasten zu wenig ist, empfehle ich, eine zweite Kastenform zu benutzen. Es ist zwar ohne weiteres möglich, den Teig in einer normalen Kastenform zu backen, rechnet aber damit, dass das Brot sehr hoch werden kann, weil beim Backen das Brot nochmals aufgeht.

7.) Zwischenzeitlich den Ofen auf 200 Grad vorheizen. Nach einer Stunde (der Teig sollte bereits ein wenig aufgegangen sein), den Teig in den Ofen stecken und 1 Stunde backen. Das Brot ist fertig, wenn es den „Gabeltest" besteht.

8.) Das fertige Brot ca. 30 Minuten im abgeschalteten Ofen belassen. Anschließend herausnehmen und noch in der Form, aber auf einem Backblech ca. 1 Stunde stehen lassen. Nun kann das Brot aus der Form gestürzt werden und auf einem Gitter eine weitere Stunde auskühlen. Dann ist es bereits fertig zum Verzehr.

Glutenfreie Brote

Definition von Gluten und Glutenfrei

Ich habe lange experimentiert, bis ich die richtige Mischung hatte, die stabil ist, schmeckt und die Voraussetzungen eines echten, glutenfreien Brotes schafft. Wer auf glutenfreies Brot angewiesen ist, da er z.B. Zölliakie oder eine andere Stoffwechselkrankheit hat, weiß, wie schwer es ist, ein **echtes** glutenfreies, gut schmeckendes Brot zu erhalten.

Glutenfrei bedeutet, *frei von Klebereiweiß*. Unter Gluten versteht man ein Stoffgemisch aus Proteinen, das im Samen einiger Arten von Getreide vorkommt. Wenn Wasser zu Getreidemehl gegeben wird, dann bildet das Gluten beim Anteigen aus dem Mehl eine gummiartige und elastische Masse, nämlich den Teig. Der Kleber hat für die Backeigenschaften eines Mehls eine zentrale Bedeutung.

In Verbindung mit Wasser bildet Gluten sogenanntes *Klebereiweiß*. Dieses bildet das Teiggerüst bei Brot und Gebäck. Die Menge an Gluten ist für die Backfähigkeit („Gashaltefähigkeit") von Weizenmehlen ausschlaggebend. Gluten sind dehnbar und sorgen im Weizenteig auf der Gare dafür, dass das Gärgas (Kohlendioxid CO_2) gehalten wird und somit das Gebäck aufgehen kann. Im fertigen Gebäck sorgt das geronnene Klebergerüst dafür, dass das Gebäck seine Form behält.

Die Aufgabe des Müllers besteht darin, Weizenpartien so zu mischen, dass die Kleberqualität für die Herstellung von Brot und Kleingebäck optimal ist. Im handelsüblichen Weizenmehl liegt der Klebergehalt in der Trockensubstanz bei ungefähr 13 %. Da trockener Kleber das Zwei- bis Dreifache seines Eigengewichts an Wasser aufnehmen kann, liegt der wasserhaltige Klebergehalt in Teigen dann bei etwa 30 % bis 35 %.

Beim Auswaschen des Klebers verändert sich die Eiweißzusammensetzung, weil insbesondere die essentielle Aminosäure Lysin teilweise zusammen mit der Stärke entfernt wird.

Getreide mit **hohem Glutengehalt** sind *Weizen, Roggen, Dinkel, Kamut, Emmer, Einkorn* und *Hartweizen.* Hafer und Gerste haben einen niedrigen Anteil an Klebereiweiß. Getreidearten wie *Teff, Hirse, Mais und Reis*, sowie Pseudogetreide wie **Quinoa, Amarant** und **Buchweizen** sind *glutenfrei*. Gluten ist Bestandteil von Lebensmitteln, die aus entsprechendem Getreide hergestellt wurden, und es bildet den Hauptbestandteil für Seitan, einen auch als Weizenfleisch angebotenen Fleisch-Ersatz.

Glutenfreies Mehl wird im Handel angeboten; es verhält sich jedoch anders als glutenhaltiges Mehl. Die Mengenangaben für einzelne Zutaten können daher von klassischen Rezeptangaben abweichen. Backwaren ohne Gluten gelingen oftmals nicht so luftig und saftig wie mit herkömmlichem Mehl, denn Gluten sorgt beim Backen auch für gute Porenbildung und eine feste Krume.

Quelle: Wikipedia

Gesundheitliche Auswirkung von Gluten – Zöliakie

Bei vielen Menschen gibt es zwischenzeitlich eine Stoffwechselkrankheit, die Zöliakie genannt wird. Sie ist durch eine chronische Erkrankung der Dünndarmschleimhaut, aufgrund einer Überempfindlichkeit gegen Bestandteile von Gluten, dem in vielen Getreidesorten vorkommenden Klebereiweis, charakterisiert. Die Unverträglichkeit bleibt lebenslang bestehen, sie ist zum Teil erblich und kann derzeit (so meine Erkenntnisse), nicht ursächlich behandelt werden. Durch glutenhaltige Nahrungsmittel entsteht eine Entzündung der Dünndarmschleimhaut, mit oft ausgedehnter Zerstörung der Darmepithelzellen. Dadurch können Nährstoffe nur schlecht aufgenommen werden, sie verbleiben Großteils unverdaut im Darm. Die Symptome und die Schwere des Krankheitsbildes können sehr unterschiedlich sein, was das Erkennen erschwert. Mögliche Symptome sind Gewichtsverlust, Durchfall, Erbrechen, Appetitlosigkeit, Müdigkeit, Depressionen und im Kindesalter eine Gedeihstörung (verlangsamte körperliche Entwicklung). Eine nicht therapierte Zöliakie erhöht die Gefahr eines Non-Hodgkin-Lymphoms (ein Lymphknoten-Krebs), sowie wahrscheinlich auch von Karzinomen des Verdauungstrakts, insbesondere einem Dünndarmlymphom. Zöliakie geht bei fünf bis zehn Prozent der Patienten mit einem Diabetes mellitus Typ 1 einher. Die Behandlung der Zöliakie besteht derzeit ausschließlich in einer glutenfreien Diät.

Ähnliche Symptome wie bei der Zöliakie treten bei einer Weizenallergie auf. Als Ausschlussdiagnose *„bei einer weizenabhängigen Klinik und negativer Serologie (für Zöliakie-spezifische Antikörper), normaler Dünndarmhistologie, negativem spezifischem IgE (Weizen) und negativem Prick-Test (Weizen) kann nach* *sorgfältigem Ausschluss anderer Diagnosen der Verdacht auf eine Nicht-Zöliakie-Nicht-Weizenallergie-Weizensensitivität gestellt werden."*

Quelle: Wikipedia

In Deutschland leidet in etwa jeder 250te – 500te Bürger unter dieser tückischen Krankheit, Tendenz steigend. Menschen mit dieser Krankheit haben sehr eingeschränkte Möglichkeiten, Brot zu konsumieren. Daher versuchen immer mehr professionelle, als auch laienhafte Bäcker, ein Brot zu erstellen, das frei von Gluten ist, so dass diese Menschen auch in den Genuss eines Brotes kommen können.

Buchweizen-Leinsamen-Amarant-Vollkornbrot

Auf Grund der engen Vorgaben und der begrenzten Auswahl an Mehlarten, habe ich lange gebraucht, bis ich ein stabiles (von der Konsistenz) und gut schmeckendes Brot produzieren konnte, was ich hier vorstellen möchte.
Als Ausgangsbasis habe ich mich an den bisherigen Mengen für die Königsform orientiert. Auch hier arbeite ich mit meiner selbst gezogenen Wildhefe und ohne Sauerteig. Für den Gärvorgang hat sich bewährt, das Brot über Nacht in einer Form stehen zu lassen und erst am nächsten Morgen weiter zu verarbeiten.
Ihr werdet Euch sicher fragen, wieso Hefe glutenfrei ist, schließlich ist sie hauptverantwortlich für den Gärvorgang. Erfreulicherweise beinhalten nur die aufgezählten Getreidesorgen Gluten, nicht jedoch Hefe, dabei ist es einerlei, ob es sich um tierische oder, (in meinem Falle), um pflanzliche Hefe, handelt. Näheres könnt Ihr in meinem Sachwirtverzeichnis am Ende des Buches nachlesen.
Insofern bin ich froh, ein **echtes,** glutenfreies Brot, frei von jeglichen industriellen Einflüssen, vorstellen zu können.

Nun das Rezept:

Für eine runde Brotform (Gärkorb):	*Gehzeiten:*
400 g Buchweizenmehl	1 x 12 Std
200 g Leinsamenmehl	1 x 1 Std
100 g Amarantmehl	
1 EL gemahlener Koriander	
1 EL gemahlenes Anis	
2 EL Salz	
1 EL gemahlener Fenchel	
100 ml warmes Wasser	
350 ml Hefewasser	

1.) Alle Zutaten vermischen und ca. 3 – 5 Minuten zu einen geschmeidigen Teig kneten. Ich empfehle, selbst wenn Ihr eine Teigmaschine haben solltet, den Knetvorgang von Hand durchzuführen, zunächst in einer Schüssel, und wenn alles schön, grob miteinander verbunden ist, auf einer Arbeitsfläche, um eine schöne Konsistenz des Teiges zu gewährleisten.

2.) Der Teig sollte nun eine sehr kompakte, leicht klebrige Konsistenz haben. Bitte nun in ein anderes Behältnis geben (ich empfehle eine Kunststoffschüssel), damit der Teig aus der kalten Edelstahlschüssel herauskommt in eine wärmere Umgebung. Nun den Teig mit einem feuchten Tuch (das mit warmen Wasser anfeuchten) zudecken und ca. 12 Std. gehen lassen.
ACHTUNG: Der Teig wird seine Form beibehalten, da die Wildhefe eine andere Aufgabe hat, wie bei Getreidebroten.
Ich empfehle, wie bereits eingangs ausgeführt, das Brot über Nacht gehen zu lassen und am nächsten Morgen die nächsten Schritte einzuleiten.

3.) Nun den Teig aus der Schüssel nehmen und nochmals ca. 2 – 3 Min. kräftig kneten. Dann den Teig herausnehmen und in einen runden Gärkorb umbetten. Solltet Ihr keinen Gärkorb haben, könnt Ihr einen Brotlaib mit der Hand formen. In diesem Zustand nochmals ca. 1 Stunde in Ruhe gehen lassen.

4.) Zwischenzeitlich den Ofen vorheizen auf 180 Grad.

5.) Das Brot aus dem Gärkorb herausnehmen (umstürzen) und auf ein mit Backpapier vorbereitetes Backblech legen und in den Ofen schieben. Das Brot dann ca. ½ Std. auf 180 Grad backen. Dann auf 200 Grad aufheizten und 45 Minuten backen Bevor Ihr es herausnehmt, bitte unbedingt den „Gabeltest" durchführen. Da das Brot aufplatzen wird, hat es verschiedene Krater. In einen der Krater mit der Gabel einstechen. Wenn beim Herausziehen der Gabel keinerlei Teigreste übrig bleiben, ist das Brot fertig. Dann den Herd ausschalten und das Brot im Ofen abkühlen lassen.

6.) Nach etwa 30 Min. das Brot aus dem Ofen nehmen und ca. 1 Std. auskühlen lassen. Das Brot kann dann sofort verzehrt werden.

Hirse-Leinsamen-Sonnenblumenkern-Kürbiskern-Amarant-Brot mit Chia-Samen

Heute habe ich mal etwas komplett Neues versucht. Sowohl mit Hirse-, als auch mit Sonnenblumenkernmehl habe ich bis dato noch nicht gearbeitet. Beides passt gut zusammen und gibt einen angenehmen, würzigen Geschmack.

Hier ist das Rezept.

Für eine runde Brotform (Gärkorb):

Gehzeiten:

450 g	Hirsemehl	1 x 12 Std
50 g	Leinsamenmehl	1 x 1 Std
50 g	Amarantmehl	
100 g	Kürbiskernmehl	
150 g	Sonnenblumenkernmehl	
50 g	Chia-Samen	
1 EL	gemahlener Koriander	
1 EL	gemahlenes Anis	
2 EL	Salz	
1 EL	gemahlener Fenchel	
50 ml	warmes Wasser	
400 ml	Hefewasser	

1.) Alle Zutaten vermischen und ca. 3 – 5 Minuten zu einem geschmeidigen Teig kneten. Ich empfehle, selbst wenn Ihr eine Teigmaschine haben solltet, den Knetvorgang von Hand durchzuführen, zunächst in einer Schüssel, und wenn alles schön grob miteinander verbunden ist, auf einer Arbeitsfläche weiterbearbeiten, um eine schöne Konsistenz des Teiges zu gewährleisten.
ACHTUNG: Der Teig wird aller Voraussicht nach eine augenscheinliche und gefühlte klebrige und

weniger feste Konsistenz geben, im Vergleich zum vorherigen Brot. Hauptsächlich liegt das an der Hirse.

2.) Den Teig bitte nun in ein anderes Behältnis geben (ich empfehle eine Kunststoffschüssel), damit er aus der kalten Edelstahlschüssel herauskommt in eine wärmere Umgebung. Das Behältnis nun mit einem feuchten Tuch (das mit warmen Wasser anfeuchten) zudecken und den Teig ca. 12 Std. gehen lassen.
ACHTUNG: Auch dieser Teig wird seine Form beibehalten, da die Wildhefe eine andere Aufgabe hat, wie bei Getreidebroten.
Ich empfehle, wie bereits eingangs ausgeführt, das Brot über Nacht gehen zu lassen und am nächsten Morgen die weiteren Schritte einzuleiten.

3.) Nun den Teig aus der Schüssel nehmen und nochmals ca. 2 – 3 Min. kräftig durchkneten, dann in den Gärkorb umbetten. In diesen Zustand nochmals ca. 1 Stunde in Ruhe gehen lassen.

4.) Zwischenzeitlich den Ofen vorheizen auf 180 Grad.

5.) Das Brot aus dem Gärkorb herausnehmen (umstürzen), auf ein mit Backpapier vorbereitetes Backblech legen, in den Ofen schieben und ca. ½ Std. bei 180 Grad backen. Anschließend auf 200 Grad aufheizten und 45 Minuten backen. Bevor Ihr das Brot herausnehmt, bitte unbedingt den „Gabeltest" durchführen. Da das Brot aufplatzen wird, wird es verschiedene Krater haben. In einen der Krater mit der Gabel einstechen. Wenn beim

Herausziehen der Gabel keinerlei Teigreste übrig bleiben, ist das Brot fertig. Dann den Herd ausschalten und das Brot im Ofen abkühlen lassen.

6.) Nach etwa 30 Min. das Brot aus den Ofen nehmen und ca. 1 Std. auskühlen lassen. Das Brot kann dann sofort verzehrt werden.

Einfaches, kerniges Knäckebrot

Nachdem wir nun verschiedene Sauerteig- und Hefeteigbrote erstellt haben, stelle ich Euch nun ein Rezept für Knäckebrot vor. Es ist mit wenig Aufwand schnell erstellt.

Für zwei Backbleche

120 g   Dinkelvollkornmehl
120 g   Haferflocken
100 g   Sonnenblumenkerne
50 g   Ungeschälter Sesam
50 g   Leinsamen
½ TL   Meersalz
2 EL   Olivenöl
500 ml Lauwarmes Wasser

1.) Alle Zutaten miteinander in einer Schüssel vermengen. Nach ca. 2 Minuten habt Ihr die entsprechende Konsistenz erreicht.

2.) Vor Verarbeitung des Teigs zwei Backbleche mit Backpapier ausstatten

3.) Den fertigen Teig sehr dünn und gleichmäßig auf den beiden Backblechen ausstreichen

4.) Den Ofen auf 170 Grad aufheizen

5.) Die Backbleche in den Ofen schieben und ca. 15 Minuten backen

6.) Dann beide Backbleche herausnehmen und den Teig in Scheiben schneiden, da es anschließend nicht mehr möglich ist

7.) Die Backbleche wieder in den Ofen schieben und ca. 45 Minuten weiter backen

8.) Nach ca. 1 Stunde Gesamtbackzeit den Ofen ausschalten und das Knäckebrot im Ofen ca. 30 Minuten belassen

9.) Dann herausnehmen und erkalten lassen. Dann kann das Knäckebrot bereits verspeist werden.

Indische Chapatis mit Joghurt

Chapatis kommen aus Asien und gehören praktisch zum Alltag. Sie sind schnell erstellt und sättigen. Ich habe mir die Variante der Erstellung mit Joghurt vorgenommen, da die Chapatis mit Joghurt besser als mit Wasser schmecken.

Hier das Rezept:

Für etwa 8 – 12 Chapatis:

150 g Dinkelvollkornmehl
100 g Weizenvollkornmehl
1 EL Olivenöl
½ TL Meersalz
150 g Joghurt (Zimmertemperatur)

1.) Alle Zutaten miteinander zu einem geschmeidigen Teig formen. Je nachdem, wie geschmeidig der Teig wird, braucht Ihr noch etwas mehr Mehl oder Joghurt.

2.) Den Teig in eine Frischhaltefolie einwickeln und ca. 1 Stunde an einen warmen Ort ruhen lassen

3.) Teig aus der Frischhaltefolie nehmen und auf einer bemehlten Oberfläche nochmals durchkneten. Dann zu einer ca. 2 cm. dicken Rolle formen und 8 – 12 gleich große Teigbällchen herausschneiden

4.) Jedes dieser Teigbällchen auf der bemehlten Oberfläche zu einem bratpfannengroßen Pflunder ausrollen

5.) Währenddessen eine Anti-Haft-Pfanne erhitzen (ohne Fett)

6.) In die Pfanne nun den Teig legen. Nach kurzer Zeit (max. 1 Minute) wird sich der Teig heben und Blasen bilden sich. Dann den Teig wenden und auf der anderen Seite ebenso lange backen, bis sich Bläschen bilden

7.) Dann das Chapati aus der Pfanne nehmen und auf einen extra, vorgewärmten Teller legen. Das Chapati bleibt frisch, wenn man es sofort mit Ghee bestreicht und weiter im Ofen bei ca. 50 Grad warm hält.

Sachwortverzeichnis

Alpha-Linolensäure, oft auch nur Linolensäure oder kurz ALA nach der englischen Bezeichnung alpha-Linolenic acid genannt, ist eine dreifach ungesättigte Fettsäure mit 18 Kohlenstoffatomen und gehört zur Familie der Omega-3-Fettsäuren.

Amarant ist eine Pflanze und wird zur Familie der Fuchsschwanzgewächse gezählt. Die an Hirse erinnernden, runden Kügelchen, kommen ursprünglich aus der Andenregion und werden dort Kiwicha genannt. Es gibt in etwa 60 – 70 Arten, die weltweit, außer in der Arktis oder Antarktis, vertreten sind. Amarant hat einen höheren Gehalt an Eiweiß und Mineralstoffen, als die meisten weltweit, traditionell angebauten Getreidesorten. Die Proteine bestehen zu einem hohen Anteil aus essenziellen Aminosäuren, der Gehalt an Calcium, Magnesium, Eisen und Zink ist sehr hoch, vor Allem wegen dem hohen Eisenanteil wird Amarant besonders für Schwangere empfohlen. Ein relativ hoher Anteil der Kohlenhydrate sind Ballaststoffe. Amarant enthält viele ungesättigte Fettsäuren und ist cholesterinfrei. Die Inhaltsstoffe sind in einem für die menschliche Ernährung günstigen Verhältnis kombiniert. Allerdings enthält Amarant bestimmte Gerbstoffe, die die Aufnahme und Verdauung von Vitaminen, Proteinen sowie Spurenelementen hemmen können; zudem ist es sehr reich an Oxalsäure, weswegen Personen, die zu oxalathaltigen Nierensteinen neigen, von übermäßigem Verzehr absehen sollten.

Aminosäuren sind Bausteine der Proteine. Sie haben für die Ernährung des Menschen eine fundamentale Bedeutung. In der Regel wird der Bedarf an essentiellen Aminosäuren durch tierische oder eine geeignete Kombination verschiedener pflanzlicher Proteine (etwa aus Getreide oder Hülsenfrüchten) vollkommen gedeckt.

Chapati ist ein indisches Fladenbrotgericht.

Diabetes mellitus, kurz Diabetes oder Zuckerkrankheit ist eine Gruppe von Stoffwechselkrankheiten. Das Wort beschreibt deren Hauptsymptom, die Ausscheidung von Zucker in Urin. Mechanismen, die zur Überzuckerung des Blutes (Hyperglykämie) führen, setzen überwiegend am Insulin, dem Hauptregelungshormon des Zuckerstoffwechsels im menschlichen Körper, an. Bei Diabetes baut der Verdauungsapparat die mit der Nahrung aufgenommenen Kohlenhydrate zu Glukose (Traubenzucker) ab, die anschließend über die Darmwand in das Blut aufgenommen und im gesamten Köper verteilt wird. Die Bauchspeicheldrüse erzeugt in den ß-Zellen das Hormon Insulin. Insulin vermittelt an den Zellen den Transport von Glukose ins Zellinnere, wo die Glukose anschließend zur Energiegewinnung verbraucht wird (Glykolyse). Darüber hinaus bewirkt Insulin auch eine Speicherung von Glukose in Form von Glykogen in der Leber, sowie in den Muskelzellen, wodurch der Blutzuckerspiegel nach der Nahrungsaufnahme in engen Grenzen konstant gehalten wird. Bei dieser Krankheit verbleibt die aufgenommene Glukose im Blut oder die körpereigene Glukose-Neubildung in der Leber verläuft ungebremst weiter und beliefert beständig Glukose nach, was den kontinuierlichen Verbrauch ausgleicht oder sogar übersteigt und im Ergebnis den Blutzucker ansteigen lässt. Es ist ein sehr komplexer und dynamischer biochemischer Prozess, bei dem Zuflüsse, Abflüsse, Neubildung und Abbau von Glukose ständig zu bilanzieren, das heißt zu verrechnen sind. Um diese Zusammenhänge- und damit die Krankheit und den Umgang mit der Krankheit – zu verstehen, müssen betroffene Patienten sorgfältig informiert und beraten und ggfs. geschult werden, z.B. bei der Erstellung geeigneter Ernährungspläne.

Emmer, umgangssprachlich auch Zweikorn genannt, wird dem Weizen zugeordnet. Er ist eine der ältesten, kultivierten Getreidearten und wird in schwarzen, weißen und roten Emmer unterschieden. Wilder Emmer kommt in der Südosttürkei, Syrien, Libanon, Jordanien, Palästina, Israel und im östlichen Irak vor und ist dem Kamut anverwandt. Heutzutage wird es in Italien (Toskana), Finnland, Tschechische Republik, Slowakei, Spanien (Asturien), Griechenland, Albanien und der Türkei angebaut. Als traditionelle Frucht ist er ferner in Äthiopien zu Hause.

Ghee bezeichnet man vergorene Butter.

Gärkorb, auch Simperl oder Backkorb genannt, ist ein offenes Behältnis, meist aus geflochtenem Stroh, genageltem Peddigrohr, Holzschliff oder Kunststoff, das zum Gären des Brotes verwendet wird. Er wird verwendet, um dem Brot eine gleichmäßige Form zu geben. Bevor das Brot in die Form gelegt wird, sollte sie mit Mehl oder Speisestärke bestreut werden, damit nach Beendigung des Gärvorgangs das Brot rückstandsfrei herausgenommen werden kann. Ferner bewirkt das hinterlassene Muster im Brot eine ordentliche Kruste (Krumme).

Glukose, umgangssprachlich Traubenzucker, ist ein Monosaccharin (Einfachzucker) und gehört zu den Kohlenhydraten.

Gluten bezeichnet man das Stoffgemisch aus Proteinen, das im Samen einiger Getreide vorkommt. Man nennt Gluten auch Kleber oder Klebereiweiß. Sie bilden sich, wenn Wasser zu Getreidemehl gegeben wird, wenn sich der Teig aus der Teigmasse entsteht durch den Gärvorgang. Gluten können Zöliakie auslösen. Getreide mit hohem Glutengehalt sind Weizen, Dinkel, Roggen, Kamut, Emmer, Einkorn, Harzweizen, Hafer und Gerste.

Hefen sind einzellige Pilze, die sich durch Sprossung oder Teilung (Spaltung) vermehren, weshalb sie synonym auch als **Sprosspilze** bezeichnet werden.

Hirse kommt aus der Familie der Süßgräser und ist vom indogermanischen Wort für „Sättigung, Nahrung, Nahrhaftigkeit" abgeleitet, weshalb es nicht verwunderlich ist, dass man schnell satt ist. Sie besteht im Wesentlichen aus ca. 68% Kohlenhydrate, 12% Wasser, 4% Fett, 10% Proteine und 4% Ballaststoffen. Außerdem ist es ein sehr mineralstoffreiches Getreide und beinhaltet im wesentlichen Fluor, Schwefel, Phosphor, Magnesium, Kalium und besonders viel Kieselsäure, Eisen und Vitamin B6. Ferner ist es frei von Gluten, weshalb wir es für unser glutenfreies Brot verwenden können.

Hodgking-Lymphom ist ein bösartiger Tumor des Lymphsystems. Die Erkrankung zeichnet sich dadurch aus, dass schmerzlose Schwellungen von Lymphknoten sichtbar werden. Die Heilungsaussichten sind bei Kindern relativ gut, bei Erwachsenen durchwachsen.

Hyperglykämie, umgangssprachlich auch Überzucker genannt, ist eine krankhaft vermehrte Menge an Glukose im Blut. Eine akute Hyperglykämie zeigt sich im Glukosespiegel, eine langfristige im HbA1c-Spiegel im Blut.

Insulin bezeichnet man ein lebenswichtiges Proteohormon, das in den ß-Zellen der Bauchspeicheldrüse gebildet wird. Es senkt den Blutzuckerspiegel, indem es andere Körperzellen dazu anregt, Glukose aus dem Blut aufzunehmen.

Kamut, auch Khorasan-Weizen genannt, ist eine alte Sorte des Sommerweizens und somit reich an Gluten, deren Ursprung in Chorasan, der Nordostprovinz des Iran, vermutet wird.

Kohlehydrate werden in der Umgangssprache gerne als „Dickmacher" bezeichnet, da diese sich beim Verbrennungsvorgang im Körper in Zucker umwandeln und im Körper in Fettdepots eingelagert werden. Unser Gehirn benötigt vorwiegend Glucose (Zucker) zur Funktion, da es Fett nicht direkt verarbeiten kann. Kohlehydrate dienen zur raschen Energieaufnahme, die jedoch rasch wieder nachlässt, weil es keine Dauerwirkung hat, daher nur zur vorübergehenden Energiezufuhr dienen sollte. Neben Fett und Eiweiß sind Kohlehydrate wesentliche Bestandteile der menschlichen Nahrung. Sie befinden sich in einigen Getreidesorten. Die bekanntesten sind Roggen, Weizen, Hafer, Kamut, Hirse, Mais und Reis. Es wird empfohlen, Kohlehydrate in unmittelbarer Verbindung mit ausreichend Bewegung zu sich zu nehmen, damit eine Einlagerung in die Zellen vermieden werden kann.

Leinsamen werden die Samen des Flaches bezeichnet. Leinsamen haben, je nach Sorte, eine braune oder gelbe Schale, schmecken leicht nussig und enthalten etwa 40 % Fett (Leinöl). An diesem hat die mehrfach ungesättigte Omega-3-Fettsäure Alpha-Linolensäure einen Anteil von etwa 50 %. Leinöl hat damit eine der höchsten Konzentrationen von Omega-3-Fettsäuren aller bekannten Pflanzenöle. Weitere wichtige Inhaltsstoffe sind Schleimstoffe, Linamarin, Eiweiß, Lecithin; ferner Sterine, Plastochromanol, die Vitamine B1, B2, B6 und E sowie Nicotin-, Fol- und Pantothensäure.

Lymphom ist ein Sammelbegriff für Lymphknotenvergrösserungen, bzw. Lymphknotenschwellungen und Tumoren des Lymphgewebes, umgangssprachlich auch Krebserkrankung genannt. Dabei unterscheidet man zwischen gutartigen und bösartigen Lymphomen (Hodgking- und Non-Hodgking-Lymphome).

Sonnenblumenkerne / Sonnenblumenkernmehl werden die Samen der Sonnenblume genannt und werden der Gattung der Sonnenblumen zugerechnet aus der Familie der Korbblütler. Sie beinhalten über 90 % ungesättigte Fettsäuren, Vitamine A, D, E und F, Karotin, Calcium, Jod und Magnesium. Sie bewirken, dass Sonnenblumenkerne zu einem gesunden Nährmittel werden. In 100 g der kleinen, knackigen Kerne steckt mehr Eiweiß, als in einem Steak. Je 100 g beinhalten im Wesentlichen 38,84 mg Vitamin-E Aktiv, 37,2 mg α-Tocopherol, 1,27 mg Vitamin B6, 0,26 mg Vitamin B2, 1,9 mg Vitamin B1, als auch Spuren von Folsäure, Biotin, ß-Carotin als auch freier Folsäure. Alles zusammen genommen gibt es einen unvergleichlichen, tollen Geschmack und ist sehr gesund.

Vitamin A bezeichnet mehrere chemische Verbindungen, die in allen Tieren biologische Funktionen haben. Sie werden teilweise direkt mit der Nahrung aufgenommen oder aus Carotinen (*Provitamin A*) gebildet, wozu nicht alle Tiere in der Lage sind (z. B. Hauskatzen). Beim Menschen zählt man Retinal, Retinol, Retinsäuren und Retinylpalmitat als Vitamin A, sowie 3-Dehydroretinol einschließlich des Aldehyds. Sie können durchenzymatisch katalysierte Reaktionen ineinander übergeführt werden, mit der einzigen Ausnahme, dass Retinsäuren nicht mehr recycliert werden können. Chemisch handelt es sich um Retinoide. Sind nicht genug davon im Körper vorhanden, so entsteht eine Hypovitaminose.

Vitamin B ist eine Vitamingruppe, in der acht Vitamine zusammengefasst sind, die alle als Vorstufen für Koenzyme dienen. Es sind chemisch und pharmakologisch völlig verschiedene Substanzen. Die Vitamine der B-Gruppe stellen somit keine einheitliche Klasse dar. Die Nummerierung ist nicht durchgehend, weil sich bei vielen Substanzen, die ursprünglich als Vitamine galten, der Vitamincharakter nicht bestätigen ließ.
Die B-Vitamine kommen in tierischen und pflanzlichen Lebensmitteln vor (z. B. in Fisch, Leberprodukten, Milchprodukten, Broccoli, Spinat oder Grünkohl). Eine Ausnahme stellt Vitamin B_{12} dar, welches kaum in pflanzlichen Lebensmitteln enthalten ist, aber, im Gegensatz zu allen anderen wasserlöslichen Vitaminen, im Körper gespeichert werden kann.

Wildhefen befinden sich von Natur aus in jedem Obst und Gemüse. Sie können aktiviert werden, indem das Obst in einem geschlossenen Behältnis mit sprudelfreiem Mineralwasser eingelegt wird. Nach etwa 2 – 5 Tagen zeigen sich erste Bläschen an der Wasseroberfläche. Das ist die aktivierte Wildhefe.

Zöliakie ist eine chronische Glutenunverträglichkeitserkrankung. Sie zeichnet sich dadurch aus, dass man überempfindlich gegen gewisse Getreidearten ist und bewirkt eine Erkrankung der Dünndarmschleimhaut. Menschen, die an dieser Krankheit leiden, haben oft starke Blähungen und das Gefühl, einen geblähten Bauch mit einer gespannten Bauchdecke zu haben. Mögliche Symptome sind Durchfall, Gewichtsverlust, Depressionen und Erbrechen. Aus heutiger Sicht ist diese Unverträglichkeit nicht heilbar, jedoch können durch eine Ernährungsänderung die negativen Symptome vermieden werden.

Quellennachweis, Literaturverzeichnis

Backen nach Ayurveda
Brot, Brötchen & Gebäck vollwertig & individuell
Von Petra und Joachim Skibbe
ISBN: 3-89566-166-X
PALA-Verlag

WIKIPEDIA
Die freie Enzyklopädie